Wolfgang Lambrecht

Winter- und Weihnachtsgeschichten
mit Herrn Bombelmann

MICHAEL IMHOF VERLAG

Impressum

Wolfgang Lambrecht: Winter- und Weihnachtsgeschichten mit Herrn Bombelmann. Michael Imhof Verlag, Petersberg 2017

© 2017 Michael Imhof Verlag GmbH & Co. KG
Stettiner Straße 25 | 36100 Petersberg
Tel.: 0661-2919166-0 | Fax: 0661-2919166-9
www.imhof-verlag.com | info@imhof-verlag.de

Gestaltung und Reproduktion: Meike Krombholz, Michael Imhof Verlag
Illustrationen: Dennis Lohausen und Patrick Romanowski
Druck: Grafisches Centrum Cuno GmbH & Co. KG, Calbe

Printed in EU

ISBN 978-3-7319-0622-3

Inhalt

Herr Bombelmann und das etwas andere Weihnachtsfest

In aller Ruhe und angenehm entspannt war Herr Bombelmann schon seit einigen Tagen mit den Vorbereitungen für das bevorstehende Weihnachtsfest beschäftigt. Bis auf ein paar wenige Kleinigkeiten, die sowieso nur am 24. Dezember gemacht werden konnten, würde bald alles fertig sein. Also nahm er den Mantel von der Garderobe, wickelte seinen flauschigen Schal um den Hals, schlüpfte in die warmen Winterschuhe und stapfte über die Wiese zu Hubert, dem kleinen schwarzen Maulwurf. Dort angekommen, klopfte er vorsichtig an den Bau.

Hubert schaffte sich nach oben, streckte seinen Kopf heraus und wischte die Brillengläser sauber: „Hallo Herr Bombelmann, bist du wieder mal unterwegs? Oder hast du was mit mir vor?"
Herr Bombelmann lächelte: „Hallo Hubert, wie du bestimmt weißt, ist bald Weihnachten. Deshalb möchte ich dich ganz herzlich einladen, gemeinsam mit uns – Frau Lieblich und Professor Achtmalklug werden auch da sein – in meinem kleinen bunten Haus zu feiern."
Hubert nickte: „Natürlich weiß ich, dass bald Weihnachten ist, wer weiß das'n net? Dazu habe ich eine Idee, die wir mit den beiden besprechen sollten."
Herr Bombelmann wollte wissen: „Da bin ich aber gespannt! Erzähl."
Doch Hubert schüttelte den Kopf: „Nee, nee, das ist eine kleine Überraschung. Das bespreche ich nur mit allen zusammen."
„Gut, dann lass uns gleich rübergehen", stimmte Herr Bombelmann

zu, „Professor Achtmalklug ist gerade zu Besuch bei Frau Lieblich, ich bin ganz neugierig."

Hubert schnellte aus seinem Bau heraus: „Oh super! Dann können wir das jetzt schon klären. Los, gehen wir."

Den ganzen Weg tänzelte und sprang er aufgeregt und übermütig um Herrn Bombelmann herum, plapperte und plapperte und wollte gar nicht aufhören.

Als die zwei Freunde den kleinen Laden von Frau Lieblich betraten, war diese wie so oft in ein ernstes Gespräch mit dem Professor vertieft. Vielleicht ging es darum, wer wo wie und wann das Weihnachtsfest feiert.

Professor Achtmalklug beugte sich nach unten und lächelte: „Hallo Hubert, habe dich schon lange nicht mehr gesehen, bist ja so fröhlich!", und aufgerichtet: „Guten Tag Herr Bombelmann, Sie sehen wieder gut aus heute."

Frau Lieblich schloss sich an: „Hallo ihr beiden, wollt ihr Kleinigkeiten einkaufen?"

Herr Bombelmann grüßte zurück: „Guten Tag zusammen, nein, ich war doch vorhin erst hier. Hubert wollte etwas mit euch klären."

Der kleine schwarze Maulwurf spitzte seine Lippen: „Hallo zusammen, ich habe da eine Idee! Es ist ja bald Weihnachten, ne, und so habe ich gedacht, weil wir die letzten Jahre immer bei Herrn Bombelmann gefeiert haben, könnten wir das in diesem Jahr bei mir zu Hause machen! Einen Baum habe ich schon – und ein paar Geschenke auch."

Die drei lachten laut los, was Hubert etwas irritierte: „Hab ich einen Witz gemacht oder was? Wenn ja, dann habe ich den nicht verstanden."

„Nun ja", begann der Professor, „wie stellst du dir das denn vor? Wie sollen wir in deinen Bau hineinkommen? Der ist wohl ein bisschen klein für uns."

Hubert lachte: „Ach so, das findet ihr lustig! Nein, nein, daran habe ich natürlich gedacht. Wir könnten doch meine Wohnung einfach so ausschaufeln, dass wir alle Platz darin haben. Es wird bestimmt schön." Dabei nickte er und sah in die Runde.

Skeptisch ergriff wieder der Professor das Wort: „Hubert, wenn wir nur für den Weihnachtsabend deine ganze Wohnung vergrößern und danach wieder bei uns Zuhause wohnen, wirst du dir ganz schön verloren vorkommen. Und stell dir vor, die Erde über dir bricht ein und vergräbt dich darunter. Außerdem", nun schaute er sehr nachdenklich, „gibt es da noch eine andere Sache, über die ich jetzt aber nur ungern reden möchte. Es ist ein Geheimnis, von dem fast niemand weiß. Wenn wir wirklich an deiner Wohnung herumgraben und sie vergrößern, sollten wir nicht zu tief kommen – wir müssen da sehr vorsichtig sein."

Herr Bombelmann horchte auf: „Was meinen Sie, Herr Professor?"

„Na ja", antwortete dieser, „da gibt es eine sehr gefährliche Sache unter der Erde – und ich möchte nicht, dass wir ausgerechnet zur Weihnachtszeit darauf stoßen."

Hubert winkte ab: „Ich kann ja ganz vorsichtig vorgraben. Wenn nichts ist, dann können wir vergrößern."

Frau Lieblich meldete sich nun auch zu Wort: „Hubert, du weißt es vielleicht nicht, aber ich bin eine kleine Frierkatze. Ich mag es gerne warm – und bestimmt hast du keine Heizung in deinem Bau, oder?"

Hubert senkte seinen Kopf: „Nein, das habe ich nicht. Aber wir können doch ein kleines Feuerchen machen."

Herr Bombelmann mahnte: „Hubert, ein Feuer unter der Erde würde uns den Sauerstoff wegnehmen. Nein, das geht nicht, außerdem muss ich Herrn Professor recht geben, deine Wohnung wäre danach viel zu groß für dich. Wie willst du denn da noch klarkommen mit deinen kleinen Möbeln?"

Hubert wurde ungeduldig: „Aber es muss doch eine Lösung geben, dass wir bei mir feiern können. Bei euch ist das ja auch nie ein Problem!"

Frau Lieblich schlug vor: „Hubert, ich habe einen Mantel mit eingebauter Heizung, der hält mich immer warm. Wir könnten bei dir feiern, indem wir draußen stehen und du drinnen bist. Sehen können wir uns mit einem Periskop, das ist ein Sehrohr, wie es in U-Booten benutzt wird. Stelle ich mir schön vor."

Der Maulwurf lehnte ab: „Nein, nein, wenn, dann will ich mit euch zusammen feiern und nicht nur durch ein Sehrohr. Dann könntet ihr auch bei euch daheim bleiben und ich kann durch ein Fernglas schauen. Das käme auf das Gleiche heraus. Das gefällt mir nicht. Käme mir ja vor wie ein Geheimdetektiv."

Herr Bombelmann rief entzückt aus: „Das ist es! Hubert, das war die Idee! Geheimdetektiv! Ich habe doch noch meinen Detektivkasten von früher im Schrank – und darin einen Rest der Miniaturflüssigkeit! Erinnert ihr euch an die Geschichte mit der Grashüpferbande, die andere Tiere quälte? (aus dem Buch „Herr Bombelmann und seine abenteuerlichen Geschichten") Ich nahm damals einen Tropfen der Flüssigkeit, bin in den unterirdischen Bau eingedrungen und konnte dem schlechten Treiben ein Ende bereiten. Ja, die werden wir nehmen, es müsste noch für uns drei reichen."

Hubert jubelte: „Oh, das wäre toll! Wie ich mich darauf freue!"

Herr Bombelmann gab zu bedenken: „Die hält aber nur eine halbe Stunde, danach müssen wir schnell wieder nach oben und man darf sie nur ein einziges Mal am Tag nehmen."

Hubert rief: „Besser als gar nix! Seid ihr damit einverstanden?"

Frau Lieblich, Herr Bombelmann und der Professor nickten. Das sollte einmal ein Weihnachten der ganz anderen Art werden: als Miniaturen in der Wohnung eines Maulwurfs! Das hatte es noch nie gegeben.

Während Hubert in den nächsten Tagen seine Wohnung wienerte und wischte und auf Vordermann brachte, damit sie am Heiligabend so

sauber war wie noch nie zuvor, schneite es nahezu ununterbrochen. Immer wieder musste der Maulwurf nach draußen kommen und zumindest einen kleinen Weg freischaufeln. Seine Freunde sollten, wenn sie einen Tropfen der Miniaturflüssigkeit eingenommen hatten und klitzeklein waren, den Eingang finden und nicht sofort im Schnee versinken. Frau Lieblich hatte den Vormittag über in ihrem Laden viel Betrieb und war froh, endlich in die Küche gehen und Huberts Lieblingskekse backen zu können. Sie buk Kekse, die so klein waren, dass sie sogar durch den Eingang zur Maulwurfswohnung passten und legte sie auf einen winzigen Teller aus einem alten Puppenhaus.

Auch der Professor war gut vorbereitet und hatte für die Geschenke das feinste Papier herausgesucht, diese mit viel Liebe eingepackt und mit roten und blauen Bändern und Schleifen verziert. Sicherheitshalber wollte er nicht seinen besten Anzug tragen, wenn Weihnachten unter der Erde gefeiert wurde. Es wäre schade, wenn dieser womöglich schmutzig werden würde. Herr Bombelmann war, obwohl feststand, dass das Fest in diesem Jahr bei Hubert gefeiert werden sollte, mit verschiedenen Überraschungen beschäftigt. Denn nach einer halben Stunde würde die Miniaturflüssigkeit ihre Wirkung verlieren und dann müsste man ohnehin woanders weiterfeiern. Weil das bisher in jedem Jahr bei ihm zu Hause gewesen ist, bereitete er auch diesmal sicherheitshalber alles vor. Sogar den Backofen hatte er programmiert und das Essen für den Abend hineingeschoben. Der Tisch stand festlich geschmückt in der Mitte des Wohnzimmers, Teller und Besteck waren sorgfältig platziert.

Für Hubert hatte er den klitzekleinen Hochstuhl, der vor Jahren eigenhändig im Werkraum des kleinen bunten Hauses entstanden war, aufgestellt.

Mittlerweile war es dunkel geworden. Die Glocken ertönten und die vielen bunten Lichter in den verschneiten Straßen zauberten ein wärmendes, weihnachtliches Bild. Dick angezogen, mit einer Taschenlampe und den Geschenken in den Händen, verließ Herr Bombelmann das Haus. Über das freie Feld stapfte er durch den Schnee.

Die anderen beiden mussten schon da sein. Das verrieten die Fußspuren, die sie hinterlassen hatten und die Herr Bombelmann im Schein der Taschenlampe gut erkennen konnte.

Von weitem riefen Frau Lieblich und der Professor gemeinsam: „Hallo Herr Bombelmann, wir sind hier und warten schon auf Sie. Haben Sie an alles gedacht?"

Herr Bombelmann rief zurück: „An alles vielleicht nicht, aber die wichtigsten Dinge schon, glaube ich." Und als er die beiden erreicht hatte: „Guten Abend, bin dann ja mal gespannt, wie es werden wird."

„Ja, wir auch", stimmten sie zu.

Vor dem Bau lagen bunte Geschenke herum und Herr Bombelmann legte seine dazu. Anschließend kramte er in der Manteltasche und holte das kleine Fläschchen mit der Miniaturflüssigkeit heraus, das er natürlich eingesteckt hatte. Er sagte: „Denken Sie unbedingt daran, dass jeder nur einen Tropfen nehmen darf und dass wir maximal für eine halbe Stunde etwas kleiner als Hubert sein werden. Wer möchte anfangen?"

Professor Achtmalklug deutete eine leichte Verbeugung an: „Die Dame zuerst, ich werde folgen."

Herr Bombelmann bat: „Frau Lieblich, nehmen Sie bitte Ihren Kopf ein kleines Stück nach hinten und strecken Sie die Zunge heraus."

Kaum war sie in Position, träufelte Herr Bombelmann einen Tropfen auf die Zunge und Frau Lieblich war nicht mehr da. Zumindest nicht in dieser Größe. Etwas kleiner als Hubert, der Maulwurf, stand sie neben den riesig wirkenden Geschenken. Nun war der Professor an der Reihe, danach kam Herr Bombelmann.

Dieser klopfte mit aller Kraft an den Bau, drehte sich zu den beiden anderen Winzlingen und rief: „Wir hätten uns schon vorher um Hubert kümmern sollen, damit er uns den Weg zeigt."
Frau Lieblich meinte: „Daran habe ich auch nicht gedacht. Aber die Minute wird es auch nicht machen. Ich hoffe, dass er das Klopfen hört. Der Hügel wirkt ja aus dieser Perspektive riesig!"
Wie einem Erdbeben gleich verschoben sich einige Erdklumpen und Hubert schaute mit seiner Nase heraus. Glücklich rief er: „Guten Abend, schön, dass ihr da seid, kommt herein."

Mit seinen großen Händen, die aussahen wie Schaufeln, deutete er den Weg an. Als Frau Lieblich an ihm vorbeikam, sagte sie: „Hubert, ich habe dir deine Lieblingskekse in Kleinform gebacken und sie vor deiner Wohnung abgestellt. Bringst du sie bitte mit?"

„Na klar, das mache ich", nickte er, sichtlich darüber erfreut, dass Frau Lieblich daran gedacht hatte, ganz kleine dieser vorzüglichen Kekse zu backen, „danke für die leckeren Kekse, Frau Lieblich, die gibt's heute als Vorspeise. Danach serviere ich euch feinste Spieße von Regenwurmteilchen an gerösteten Käferbeinen, meine Spezialität. Jetzt zeige ich euch aber erst mal meine Wohnung."

Hubert führte nun seinen Besuch durch die einzelnen Räume, die er in mühevoller Klein- und Buddelarbeit gleich nach seinem Besuch beim Augenarzt gebaut hatte. Kleine Möbel standen darin und Professor Achtmalklug wollte wissen: „Deine Wohnung ist toll. Sehr geschmackvoll eingerichtet! Wo hast du die Möbel her? Und haben das alle Maulwürfe so?"

Hubert antwortete stolz: „Nein, ich bin der Einzige, kein anderer hat das. Aber ich habe ja auch Licht hier unten und kann dank meiner Brille sehen. Das hat Herr Bombelmann gut hingekriegt. Die Möbel habe ich mir in meinem Werkraum zusammengebaut. So kleine habe ich in keinem Geschäft gefunden."

Herr Bombelmann deutete auf die Wände: „Die Bilder, hast du die auch selbst gemalt?"

Hubert nickte eifrig: „Oh ja, die habe ich auch selbst gemalt! Und mein Lieblingsbild ist das mit dem Schneewurf. Dennis hat mir ein paar Tricks gezeigt und mir gesagt, Übung macht den Meister. Also habe ich ganz lange geübt."

Frau Lieblich war sichtlich beeindruckt: „Hubert, du bist ja ein richtiger Künstler! Was du alles machst. Baust deine eigene Wohnung, die Möbel schreinerst du dazu und die Bilder malst du auch selbst. Respekt!"

Hubert errötete leicht bei so viel Lob: „Wir sollten bald mit dem Essen beginnen, sonst ist die halbe Stunde vorbei und ihr habt nur geschaut."

Herr Bombelmann war derselben Meinung: „Ja, nur vorher sollten wir noch ein kleines Lied anstimmen, es ist schließlich Weihnachten."

So saßen die vier eine Weile in der kleinen Wohnung zusammen, sangen erst ein Weihnachtslied, aßen gleich danach von den kleinen, leckeren Maulwurfs-Lieblings- keksen und tranken frisches Grundwasser, das bei Hubert aus einer unterirdischen Quelle sprudelte. Der Weihnachtsbaum war eigentlich kein richtiger Baum, es war ein Tannenspross, der in den Boden gesteckt und mit glitzernden Spinnenweben und golden leuchten- den Schneckenhäusern geschmückt war – aber festlich war das allemal.

Nun wollte Hubert als Hauptmahlzeit seine Regenwürmer und Käferbeine auf den Tisch bringen. Frau Lieblich und der Professor wurden leicht grün im Gesicht und blickten nervös zu Herrn Bombelmann. Dieser sah schnell auf seine Uhr und tat ganz er- schrocken: „Wisst ihr eigentlich, dass uns nicht mehr viel Zeit bleibt? Wir sollten unbedingt wieder draußen sein, bevor die Wirkung nach- lässt – sonst zerstören wir die schöne Wohnung und Hubert hätte kein Zuhause mehr."

Hubert war entsetzt, stellte sofort die Sachen auf dem Tisch ab und rief: „Das wäre nicht gerade toll. Ich habe tagelang gearbeitet, um sie so hinzubekommen! Essen kann warten! Ich glaube, es ist besser, wenn wir uns beeilen! Mir nach, ich zeige euch den Weg." Mit diesen Worten marschierte er hastig los, seine drei Besucher hinterher. Nacheinander verließen sie den Bau und standen schon bald auf dem Maulwurfshügel. Nach ein paar Minuten, die eigentlich noch Zeit gewesen wären, wuchs Frau Lieblich in weniger als zwei Sekunden als Erste wieder auf Normalgröße. Noch schaute sie an sich herunter und war mit Staunen beschäftigt, da stand der Professor neben ihr. Der Letzte, der aus dem Miniaturstadium herauswuchs, war Herr Bombelmann. Er sagte: „Das war ein schönes Erlebnis, finde ich. Hubert, du hattest eine tolle Idee. Auch wenn wir nur kurze Zeit in deiner Wohnung waren, so haben wir doch etwas erlebt, was wir niemals vergessen werden."

Die anderen nickten und stimmten zu.

Herr Bombelmann fuhr fort: „Dann lasst uns jetzt doch zu mir gehen und dort feiern, denn ich habe alles schon vorbereitet. Fröhliche Weihnachten allerseits."

„Ja, fröhliche Weihnachten", – „Fröhliche Weihnachten!"

Sie nahmen sich in die Arme und drückten sich gegenseitig, wünschten sich ein frohes Weihnachtsfest. Danach nahmen sie die Geschenke auf und gingen zu Herrn Bombelmann nach Hause. Außer Hubert, der Maulwurf, der ging nicht, er wurde getragen. Denn in dem tiefen Schnee wäre ihm das Laufen sehr schwergefallen.

An diesem Abend hatten die Freunde noch viel zu erzählen. Glücklich saßen sie beisammen, sangen weitere Lieder und waren der Meinung, es sei das schönste Weihnachten gewesen, das sie bisher hatten. Einmal, ganz kurz, da erwähnte der Professor das Geheimnis, von dem fast niemand wusste. Hierbei handelte es sich wohl um eine unerforschte Stadt unter der Erde, aus der noch niemand zurückgefunden hatte …

Herr Bombelmann und der außergewöhnliche Schneemann

„So viel Schnee", sagte Herr Bombelmann zu sich selbst, als er aus dem Fenster sah, „das hat es schon lange nicht mehr gegeben."
Das kleine Gartentor war fast im Schnee verschwunden, so viel war es.
Herr Bombelmann zog sich die dicke Jacke über, wickelte den blauen Schal mit dem roten Muster um den Hals, schlüpfte in seine braunen Fell-Handschuhe und holte den Schneeschieber. Mit diesem räumte er die Gehwege vor dem Haus, damit niemand ausrutschte und hinfiel. Denn dabei konnten sich die Leute wehtun. Und das wollte Herr Bombelmann nicht. Er schob und schaufelte den Schnee zu einem Schneeberg zusammen. Der war zwar recht hoch, aber nicht hoch genug, um hier mit dem Schlitten herunterzusausen.

Als die Wege frei waren, ging er zurück ins Haus und frühstückte gut. Da er beim Schneeschieben viel Kraft verbraucht hatte, musste er diese nun durch Essen wieder auftanken. Schließlich wollte er gleich nach dem Frühstück einen Schneemann bauen.

Im verschneiten Garten hinter seinem kleinen bunten Haus formte er einen Schneeball. So fing er immer an. Den Schneeball legte er auf den Boden und begann ihn hin- und herzurollen. Dadurch wurde er langsam größer. Und je größer er war, desto schneller wuchs er durch das

Rollen. Überall, wo Herr Bombelmann mit seinem Schneeball entlanggekommen war, hatte er eine Spur hinterlassen. Erst ganz feine, schmale und flache, dann immer breitere und tiefere Spuren, kreuz und quer durch den Garten.

Als der Schneeball die Größe einer großen Kugel hatte, ließ er sie liegen und formte einen neuen, kleinen Schneeball. Damit ging er genauso vor wie mit dem ersten. Da er für einen richtigen Schneemann drei große Kugeln brauchte, wiederholte er das Ganze noch einmal. Mit all seiner Kraft – die hatte er sich ja beim guten Frühstück geholt – setzte er die großen und schweren Schneekugeln aufeinander. Das sollten Körper und Kopf des Schneemanns sein.

Herr Bombelmann rollte noch dicke Würste aus Schnee und befestigte diese an der mittleren Kugel. Nun sah es so aus, als hätte der Körper Arme. Die waren zwar ohne Ellbogen und ohne Hände, aber man konnte sie gut erkennen.

Für das Gesicht holte Herr Bombelmann zwei Kieselsteine als Augen, zwei schmale Äste für die Augenbrauen, eine Mohrrübe als Nase und für den Mund hatte er einen großen Einweckgummi. Dieser Gummi war rot und sah fast aus wie echte Lippen. Seinen alten Hut, der schon seit Jahren nur im Schrank gelegen hatte, setzte er oben drauf. Nun war der Schneemann fertig.

Herr Bombelmann stand davor und sagte: „Du gefällst mir! Am liebsten würde ich dich für immer in meinem Garten stehen haben!" Es war, als würde der Schneemann ein Lächeln auf seine Lippen bekommen und die Augenbrauen hochziehen. Aber sicher hatte sich Herr Bombelmann da getäuscht. Denn so etwas konnte ein Schneemann nicht.

Den Rest des Tages verbrachte Herr Bombelmann, wie er es oft schon getan hatte: Er ging zum Einkaufen, machte einen gemütlichen Spaziergang, las die Zeitung und schaukelte mit seinem Schaukelstuhl von vorne nach hinten und von hinten nach vorne.

Am Abend, kurz bevor er ins Bett ging, sah er noch aus dem Schlafzimmerfenster hinaus, winkte dem Schneemann zu und wünschte ihm eine gute Nacht.

Am nächsten Morgen, als Herr Bombelmann aus seinem Bett aufgestanden war, sah er wieder aus dem Schlafzimmerfenster. Er wollte dem Schneemann einen guten Morgen wünschen.

Der Schneemann aber war nicht mehr an seinem Platz. Er war weg. Wo sollte er sein? Hatte ihn in der Nacht jemand gestohlen? War er weggetaut? Dazu war es zu kalt!

Herr Bombelmann wollte nachsehen. Und weil überall Schnee lag, könnte er bestimmt Spuren entdecken und feststellen, wer den Schneemann dort weggeholt hatte und wo derjenige ihn hingebracht haben würde. Er müsste nur den Spuren nachlaufen!

Herr Bombelmann zog sich seine dicken Schuhe an und ging nach draußen. Dort staunte er nicht schlecht. Da stand in einer ganz anderen Ecke des Gartens ein Iglu. Das ist eine Art Schneehütte.

Das hatten am Nordpol die Eskimos als Haus und schützten sich damit vor Sturm, um nicht weggepustet zu werden. Auch vor starkem Schneefall waren sie so in Sicherheit und wurden beim Schlafen nicht zugeschneit. Außerdem diente ein Iglu als Schutz vor Eisbären. Diese

waren zwar gefährliche Tiere, aber Häuser würden sie nie kaputt machen. So konnten die Eskimos bei Gefahr schnell in ihr Iglu rennen und waren sicher.

Im Garten also stand ein Iglu. Und in diesem Iglu war – der Schneemann! Er hatte sich gemütlich hingesetzt und summte ein Lied vor sich hin. Herr Bombelmann klopfte an den Schneeblöcken, aus denen das Iglu gebaut war. Der Schneemann rief: „Herein!" Herr Bombelmann trat ein. Der Schneemann mit seinen roten Gummilippen lächelte sanft und sagte: „Hallo, Herr Bombelmann! Vielen Dank, dass du mich gebaut hast. Du hast es schön in deinem Garten. Darf ich noch ein bisschen hierbleiben?"

Herr Bombelmann war verdutzt. Ein sprechender Schneemann! Das hatte er noch nie erlebt. Fröhlich sprudelte er hervor: „Solange du möchtest, kannst du bei mir bleiben.

Ich freue mich darüber. Aber sag: Wie kommt es, dass du sprechen kannst und dass du dir ein Haus gebaut hast?"

Der Schneemann antwortete: „Weißt du, Herr Bombelmann, ich komme von

weit her. Ich war nicht schon immer ein Schneemann. Zu einem Schneemann hast du mich zusammengebaut. Eigentlich bestehe ich aus vielen, vielen Schneeflocken. Diese Schneeflocken sind aus den Wolken auf die Erde gefallen. Von ganz oben, vom Himmel!"

Herr Bombelmann nickte. Ohne jedoch eine Antwort abzuwarten, sprach der Schneemann weiter: „Der größte Teil meiner Schneeflocken ist aus einer Wolke am Nordpol gefallen. Der Wind hat uns bis hierhergetragen. So sind wir in deinem Garten gelandet. Es war eine sehr lange Reise für uns. Auf dieser langen Reise haben wir einiges erlebt! Am Nordpol haben wir gesehen, wie die Eskimos Häuser aus Schnee bauen. Da dachte ich, das probiere ich auch. Wir haben gesehen, wie ein Wal aus dem Wasser gesprungen ist und versucht hat, mit seinem

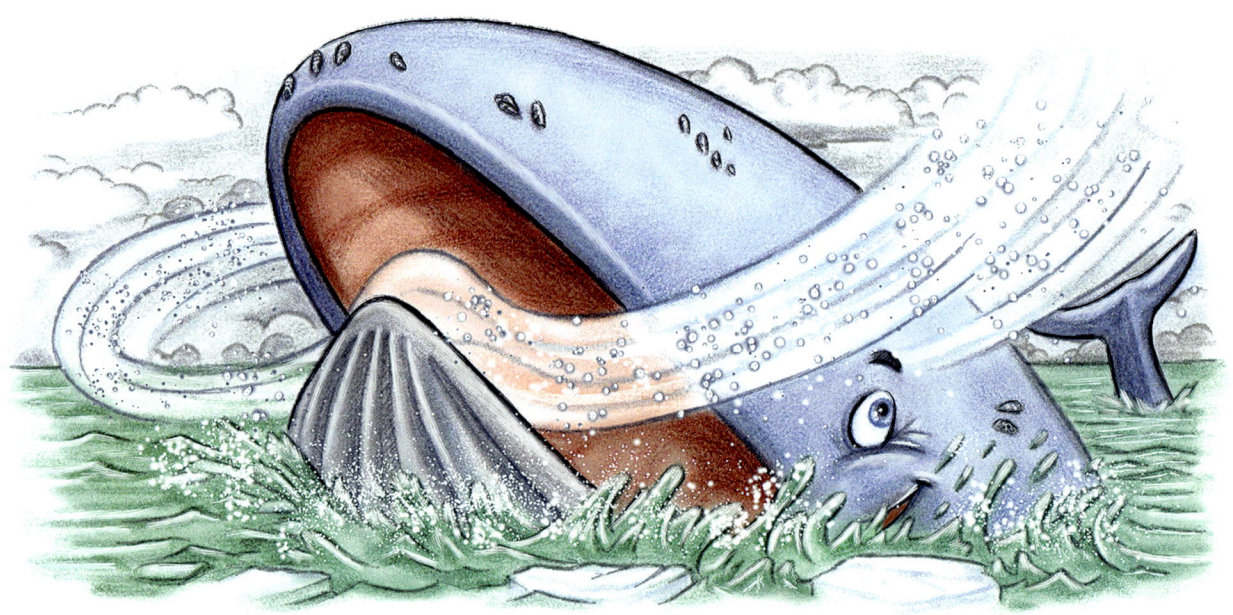

großen Maul die Schneeflocken zu fangen. Uns hat er aber nicht gekriegt! Mitten in der Nacht haben wir das Meer hinter uns gelassen und sind an vielen Autos vorbei hierhergeflogen! Du hast uns zusammengerollt und zu einem Schneemann gemacht!"

Herr Bombelmann konnte das nicht glauben: „Aber Schneeflocken, können die überhaupt sehen und denken?"

Der Schneemann senkte seinen Kopf: „Warum glaubt ihr Menschen eigentlich immer, ihr würdet die Einzigen sein, die denken und sprechen können? Nur, weil ihr so schlau seid und in die Schule könnt? Oder vielleicht, weil ihr viele Winter leben dürft und wir nur einen?"

Darauf hatte Herr Bombelmann keine Antwort parat. Aber er sagte: „Wenn du möchtest, Schneemann, dann werde ich dafür sorgen, dass auch du mehrere Winter leben kannst! Ich werde dir ein Tiefkühlgerät mit Gebläse kaufen, damit du immer eisige Luft in deinem Iglu behältst und die Sonne dir nichts anhaben kann!"

Der Schneemann freute sich riesig. Natürlich wollte er das. Und beim Kauf des Tiefkühlgerätes wollte er dabei sein.

So gingen die beiden zu einem Tiefkühlgeräte-Fachgeschäft. Als sie es betraten, wurde es dem Schneemann schnell recht heiß und er begann zu schwitzen. Wo er ging oder stand, waren Wasserflecken und Pfützen auf der Erde.

Sie kauften das beste Tiefkühlgerät, das sie finden konnten und machten sich auf den Rückweg. Der Schneemann war durch den langen Aufenthalt im Geschäft schon etwas kleiner geworden, denn er hatte nicht geschwitzt, er war geschmolzen. In Zukunft musste er vorsichtiger sein. Während der Wintermonate, in denen es eisig kalt draußen war und Schnee lag, fühlte sich der Schneemann wohl. Er ging mit Herrn Bombelmann im Wald spazieren, sie unter-

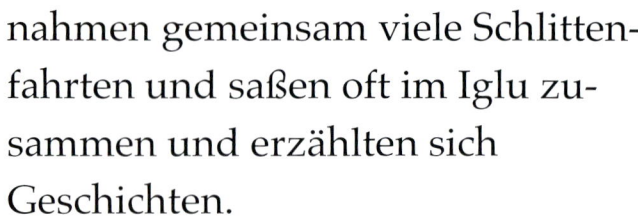

nahmen gemeinsam viele Schlittenfahrten und saßen oft im Iglu zusammen und erzählten sich Geschichten.

Nun kam die Zeit, da die Tage wieder länger wurden und die Sonne mit ihren Strahlen die Erde wärmte. Der Schnee war schon fast komplett weggetaut – bis auf das Iglu im Garten von Herrn Bombelmann – und die ersten Blumen begannen zu blühen. Die Vögel zwitscherten und sangen in der Natur fröhlich Frühlingslieder und jeder wusste, dass der Winter vorbei war.

Der Schneemann, der mit seinem Super-Tiefkühlgerät immer eisige Luft in seinem Iglu hatte, war neugierig geworden. Noch nie hatte er Blumen gesehen oder Vögel zwitschern hören. Er trat vor sein Schneehaus. Wie strahlten die Augen, als er die saftig grüne Wiese mit den bunten Blumen sah. Dort standen weiße Schneeglöckchen und spielten ein Lied. Lieblich klangen die Glöckchen in den verschiedensten Tönen. Es hörte sich an wie „Alle Vögel sind schon da". Die kleinen Krokusse, die gelb und pink aus der Erde leuchteten, wollte er sich näher ansehen. Wie schön sie waren. Und dort, dort zog gerade ein Vogel einen Wurm aus der Erde.

Er lief hinüber, um das besser beobachten zu können. Der kleine Vogel aber hatte Angst vor dem großen Schneemann und flog weg.

Direkt am Zaun stand ein Busch, der hatte gelbe Blüten, die sich im Wind hin- und herwiegten. Daneben, ganz weich,

24

waren Weidenkätzchen. Als der Schneemann mit seinem Arm darüberstreicheln wollte, erschrak er. Er hatte sich zu weit von seinem Iglu entfernt. Und das bei dieser Wärme. Seine Arme waren schon getaut. Er wollte laut um Hilfe rufen, aber sein Gummimund lag in der Wiese. Die letzte Rettung war vielleicht sein

Schneehaus mit dem Tiefkühlgerät! Er rannte los, fiel aber hin, weil seine Beine schon zu schwach waren.

So kam es, wie es kommen musste: Wenn der Winter vorbei war und der Frühling ins Land zog, hatte ein Schneemann hier nichts mehr zu suchen. Der Schnee musste tauen und zu Wasser werden, damit die Pflanzen zu trinken hatten und wachsen konnten.

Und von den Pflanzen wiederum ernährten sich die Tiere und von diesen Tieren wieder andere Tiere. Oder aber Menschen. Die aßen zum Beispiel den Honig, den die Bienen nur sammeln konnten, weil die Blumen da waren. Die Blumen waren aber nur da, weil sie zu trinken hatten und so wachsen konnten.

Herr Bombelmann räumte, als er nach Hause kam und sah was geschehen war, das Tiefkühlgerät weg. Natürlich war er ein wenig traurig. Das Iglu taute auch nach und nach weg und gab das Wasser der Wiese zu trinken. Nichts erinnerte nun mehr an den Schneemann – außer den eigenen Gedanken.

Als – wie jeden Abend – Herr Bombelmann in seinem Schaukelstuhl saß, von vorne nach hinten und von hinten nach vorne schaukelte, dachte er an seinen Freund aus Schnee. Er dachte an den Schneemann, der sprechen und sich bewegen konnte. An den Schneemann, der nicht so schlau war, wie er tat. Denn sonst wäre er nicht aus dem eiskalten Iglu in die warme Sonne gegangen. Und er dachte daran, dass die Natur ihre eigenen Gesetze hatte. Gesetze, die niemand verändern konnte! Nach dem Winter kam der Frühling, danach der Sommer, dann der Herbst und der Winter. Jedes Jahr. Immer wieder. Und wenn es wärmer wurde, mussten alle Schneemänner wegtauen. Auch außergewöhnliche Schneemänner. Das war nun einmal so. Allerdings wusste Herr Bombelmann auch, dass die Sonne im Laufe der Zeit das Wasser als Dampf aufsteigen und zu Wolken werden ließ. Vielleicht zogen diese sogar bis zum Nordpol, um dort als Schneeflocken auf die Erde zu fallen. Und möglicherweise würde sie der Wind im nächsten Winter wieder bis nach Poppelsdorf in den kleinen Garten tragen. Mit etwas Glück könnte sogar der außergewöhnliche Schneemann dabei sein und erneut zusammengebaut werden …

Herr Bombelmann und sein Weihnachtserlebnis

Das schöne, aber alte und immer saubere Auto holperte in der frühen Dunkelheit des 24. Dezember gemütlich vor sich hin. Herr Bombelmann befand sich auf dem Weg nach Hause, denn er wollte auf keinen Fall die Bescherung verpassen – das sei schließlich das Spannendste des Tages, fand er. Gerade bog er um die Ecke und hatte nur noch wenige Meter bis zu seinem kleinen bunten Haus zu fahren, als aus der dichten, schweren Wolke über ihm Sterne herauspurzelten. Diese waren jedoch nicht, wie er es bisher kannte, golden glitzernd.

Nein, sie leuchteten mal, waren im nächsten Moment nicht mehr zu sehen, blinkten wieder, erloschen und lösten sich auf zu feinem Staub, der dunkel auf den Boden herabrieselte.

Herr Bombelmann stoppte am Straßenrand, denn so etwas hatte er noch nie gesehen. Überrascht und fasziniert zugleich starrte er nach oben. Dort glitt im schwachen Licht der Straßenlaternen langsam, ganz langsam, aus dem dicken Nebel der Wolken ein vornehmer Schlitten in Richtung Straße herunter. Seine geschwun-

genen Kufen waren vorne rund nach oben gebogen. Zwei große, dicke Säcke standen hinter den üppigen Polstern, die weich und angenehm zu sein schienen. Auf diesen Polstern saß ein rundlicher Mann. Er hatte einen langen weißen Bart, war eingehüllt von dunklem Staub und hustete, was das Zeug hergab. Aus dem hinteren Teil des Schlittens schoss stoßweise dieser Staub heraus. Seltsame Sterne, die sich während des Fallens auflösten, funkelten ein letztes Mal schwach um die Wette. Man konnte meinen, die Rentiere die den Schlitten zogen, hätten ein wenig die Orientierung verloren. Sogar sie husteten und niesten und konnten sich nicht auf den Weg konzentrieren.

Inzwischen war der Schlitten auf der Straße gelandet und der Mann, der einen roten Mantel mit weißem Fellkragen trug, heruntergestiegen. Mit angenehm dunkler und doch sanfter Stimme sagte er wie zu sich selbst: „Jahr um Jahr hast du mich zuverlässig überall hingeflogen. Noch nie mussten die Menschen auf ihre Geschenke verzichten. Und jetzt machst du solche Sachen mit mir. Na, dann möchte ich doch mal schauen, was mit dir los ist. Vielleicht finde ich ja etwas."

Er ließ sich auf die Knie sinken, beugte sich seitlich weg und versuchte unter das ungewöhnliche Fluggerät zu sehen.

„Hallo Weihnachtsmann", rief Herr Bombelmann, „falls dein Schlitten schlapp macht und du ihn reparieren musst, kannst du das gerne in

meiner Garage tun. Da hast du Licht und kannst besser sehen."

Der Schlittenfahrer erhob sich, wandte sich Herrn Bombelmann zu und antwortete nach kurzem Überlegen: „Ja, es wäre in der Tat schön, wenn ich mehr sehen könnte. Hier ist es recht dunkel. Da wird es schwierig, meinen Schlitten zu reparieren. Außerdem ist es besser, wenn mich nicht so viele Menschen entdeckten – noch dazu in einer solchen Situation." Und nach einer kurzen Pause fügte er hinzu: „Woher weißt du, wer ich bin?"

Herr Bombelmann lächelte: „Wer solltest du denn sonst sein? Ich wüsste nicht, wer außer dir am 24. Dezember mit einem Schlitten aus den Wolken herausgleiten könnte."

Der Weihnachtsmann wurde nachdenklich: „Viele Menschen zweifeln daran, dass es mich gibt und glauben nicht mehr an mich. Das finde ich sehr, sehr schade."

„Dann zeige dich doch einfach und lass dich sehen. Spätestens dann weiß jeder, dass du existierst!", schlug Herr Bombelmann vor.

Der Weihnachtsmann aber wiegelte sofort ab: „Nein, das möchte ich auf keinen Fall! Es muss etwas Besonderes bleiben, mein Besuch auf der Erde, bei den Menschen. Geheimnisvoll und fast lautlos gleite ich seit vielen, vielen Jahren vom Himmel herab und sorge für leuchtende Augen und strahlende Gesichter. Jahr für Jahr bringe ich Freude und Glück. Ich möchte, dass es so bleibt wie es ist und wie es schon immer war. Das ist eine alte Tradition." Dabei nickte er und ließ keinen Widerspruch zu: „Öffne schon mal die Garage, damit wir hinein können."

Zum Glück waren es nur wenige Schritte dorthin und so schoben die beiden Männer den Schlitten mit Hilfe der Rentiere hinüber. Schnell war er zwischen den Wänden geparkt, das Tor geschlossen und somit für andere Augen nicht mehr zu sehen.

Der Weihnachtsmann versuchte zu erklären: „Die Heizung am Schlitten ist ausgefallen und rußt vor sich hin. Das ist noch nie passiert! Es könnte daran liegen, dass die Luft im letzten Jahr durch die Menschen zu stark verschmutzt wurde. Der feine Filter scheint total verstopft zu sein. Ich werde ihn ausbauen und reinigen müssen. Zuvor allerdings", er hob seinen Zeigefinger in die Höhe und zwinkerte Herrn Bombelmann zu, „sollte ich die Zeit langsamer laufen lassen. Sonst komme ich heute womöglich zu spät in die Häuser!"

Er schob den linken Ärmel des Mantels nach oben und drehte am kleinen Rädchen der Uhr. Danach lud er lächelnd die beiden schweren Säcke vom Schlitten.

„So, dann fange ich mal an", meinte er und begann den Filter auszubauen. Das war eine schwierige, komplizierte Angelegenheit und dauerte ziemlich lange. Wenn es einfach gewesen wäre, hätten wahrscheinlich die meisten Schlitten eine eingebaute Heizung. Das wäre recht praktisch.

Endlich war es geschafft und der Weihnachtsmann hielt den verstopften Filter in der Hand.

„Da brauche ich mich nicht zu wundern! So wie das Ding aussieht. Ihr Menschen solltet freundlicher mit der Umwelt umgehen, sonst verderbt ihr euch sogar noch das Weihnachtsfest!", mahnte er. „Kannst du den bitte etwas abbürsten und mir wiederbringen?"

Herr Bombelmann hatte den Filter schon übernommen und lief ins Haus: „Bin gleich wieder da!", rief er und verschwand. Es dauerte eine halbe Ewigkeit, weil so ein Filter Stück für Stück gebürstet werden musste. Schließlich sollte er richtig sauber sein und für den Abend durchhalten.

Der Einbau dauerte genauso lange wie der Ausbau und eigentlich hätte es schon mitten in der Nacht sein müssen. Doch tatsächlich waren gerade einmal zwölf Minuten vergangen.

Der Weihnachtsmann lud die Säcke wieder auf und nahm Platz. „Das haben wir gut hinbekommen. Danke, dass du mir geholfen hast. Später werde ich bei dir sein und dir deine Geschenke bringen, Herr Bombelmann. Aber das mache ich heimlich – du weißt schon warum!"

Vorsichtig öffnete Herr Bombelmann das Garagentor. Ganz unauffällig und lautlos verschwand der Weihnachtsmann mit seinem Schlitten und den Rentieren in der Dunkelheit zwischen den Wolken. Jetzt war es wieder so, als sei er nie hier gewesen.

Lange stand Herr Bombelmann noch dort und schaute in den Himmel. Doch entdecken konnte er den fliegenden Schlitten nirgends mehr. Hoffentlich hatte der Weihnachtsmann daran gedacht, seine Uhr wieder richtig einzustellen. Denn sonst würde den Menschen die Zeit bis zur Bescherung viel zu lange vorkommen …

Herr Bombelmann und der Schneewurf

Sanft und leise glitten die schimmernd weißen Schneeflocken am Fenster vorbei und versetzten Herrn Bombelmann unwillkürlich in eine seltsame Stimmung. Nicht nur, weil bald Weihnachten war und diese Zeit viele Leute recht nachdenklich machte. Nein, während er in seinem Wohnzimmer im Schaukelstuhl saß und von vorne nach hinten und von hinten nach vorne schaukelte, musste er an seinen außergewöhnlichen Schneemann denken. Den, den er einmal gebaut hatte und von dem er glaubte, er sei über Nacht einfach so verschwunden. An den Schneemann, der sich für so unsagbar schlau hielt und dennoch in die Wärme des Frühlings lief und schmolz. „Schade", dachte Herr Bombelmann, „er war so ein netter Kerl. Bestimmt hätten wir noch viel Spaß miteinander haben können!" Zaghaft klopfte es an der Tür. Herr Bombelmann erhob sich aus dem Schaukelstuhl, lief hinüber und öffnete. Der Schnee hatte sich bereits ein paar Zentimeter auf dem Boden gehäuft und das Gras verschwinden lassen. Alles rundherum war weiß, während es weiterhin schneite. Auf der Fußmatte vor der Haustür stand Hubert der Maulwurf und kam zu Besuch: „Wie lange dauert das denn noch, bis du aufmachst. Ich klopfe bestimmt schon eine ganze Stunde. Hast du etwa geschlafen?"

Herr Bombelmann antwortete: „Oh, hallo Hubert! Ja und nein, so was Ähnliches. Ich war gerade in Gedanken versunken."

„Hast du mal rausgeguckt?", wollte Hubert wissen, „Es hat super geschneit! Komm, lass uns einen Schneemann bauen!"

„Für einen richtig großen Schneemann liegt noch nicht genug Schnee, Hubert, da müssen wir noch ein wenig warten. Am besten ist es, wir gehen morgen daran."

Doch Hubert warf ein: „Du willst nur nicht! Wegen deines außergewöhnlichen Schneemanns, der dir weggeschmolzen ist! Du denkst, es wird keinen solchen Schneemann mehr für dich geben. Gib dich auch mal mit einem normalen zufrieden, es muss nicht immer so ein besonderer sein. Außerdem habe ich schon einen gebaut. Los, zieh deine Schuhe an und komm raus, ich will ihn dir zeigen!"

Was blieb Herrn Bombelmann da wohl übrig? Er ging ins Haus zurück, wobei er die Haustüre offen stehen ließ, zog sich Mantel und Schal an, schlüpfte in seine festen Winterschuhe und ging nach draußen. Hubert hüpfte vor ihm durch die weiße Pracht und Herr Bombelmann war froh, dass Maulwürfe schwarz waren. So konnte man sie auf dem hellen Untergrund sehr gut erkennen. Manchmal sackte selbst Hubert, das Leichtgewicht, mit seinen Pfoten ein und landete mit dem Gesicht im Schnee. Sofort rappelte er sich wieder auf, wischte sich einige Flocken von der Nase und rannte weiter. Plötzlich blieb er stehen.

„So", rief er, „wir sind da! Und? Wie gefällt dir mein Schneemann?"

Herr Bombelmann blickte suchend herum, konnte aber keinen Schneemann entdecken.

„Was ist?", wollte Hubert wissen, „Hast du es neuerdings mit den Augen? Muss ich dich mal zum Augenarzt bringen?"

Jetzt endlich hatte Herr Bombelmann den Schneemann entdeckt. Klein und winzig stand er mitten auf der nicht mehr sichtbaren Wiese, etwas kleiner als Hubert – und er sah fast genauso aus wie er, nur weiß halt.

„Mensch Hubert, das ist doch kein Schneemann, das ist ein Schneewurf!"

Hubert war stolz: „Ja, ich habe mir auch ganz schön viel Mühe gegeben! Und weißt du was? Mein Schneewurf soll länger halten als dein Schneemann! Meiner passt sogar in einen Kühlschrank oder eine Gefriertruhe! Den kann ich im nächsten Jahr wieder herausnehmen!"

Herr Bombelmann lächelte: „Natürlich könntest du das tun, aber willst du ihn abends immer in den Kühlschrank stellen und morgens wieder herausholen? Stelle dir vor, es wird mal etwas wärmer! Ob am Tag oder in der Nacht – dieser Schneewurf ist schnell weggetaut, da ist nicht viel dran."

Hubert wurde traurig: „Das weiß ich auch. Aber ich möchte doch, dass er viele Winter verbringen kann und möglichst lange erhalten bleibt."

„Na ja", antwortete Herr Bombelmann, „wir werden schon eine Lösung finden, da bin ich mir sicher. Auf jeden Fall sieht er richtig gut aus, ein echter Schneewurf eben."

„Herr Bombelmann, pass mal auf, was ich jetz mach!"

Mit diesen Worten holte Hubert der Maulwurf aus einer seiner Felltaschen eine Brille hervor und zwickte sie dem Schneewurf auf die Nase. „Jetzt sieht er aus wie ich – fast jedenfalls. Und ich taufe ihn auf den Namen Hubbi, das ist mein Freund aus Schnee."

Herr Bombelmann war gerührt: „Weißt du was Hubert, wir werden auf Hubbi gut aufpassen. Er bekommt einen besonderen Platz in meiner Tiefkühltruhe." Und nach einer kurzen Pause fügte er hinzu: „Trotzdem glaube ich, dass es noch eine andere, eine bessere Lösung gibt. Ich weiß noch nicht, was es ist, aber es wird mir irgendwann etwas einfallen. Komm, lass uns noch ein paar leckere Kekse bei mir zuhause essen."

„Das geht heute nicht, Herr Bombelmann. Ich muss zurück in meine Wohnung, weil ich mir schon ein saftiges Wurmsteak vorbereitet habe. Aber morgen sehen wir uns. Kommst du wieder her?"

Herr Bombelmann nickte: „Ja, ich werde so gegen neun Uhr morgen früh bei dir sein und an deinen Bau klopfen. Hoffentlich hörst du mich."

„Du weißt genau, dass ich dich höre. Meine Ohren sind noch tausendmal besser als du es dir vorstellen kannst. Ich höre dich schon, wenn du bei deinem Haus die Türe zumachst. Also bis morgen – und lass dir was Gutes einfallen!"

„Ja, Hubert, bis morgen."

So verabschiedeten sich die beiden und gingen ihrer Wege.

Pünktlich stapfte Herr Bombelmann am nächsten Morgen durch den Schnee, der höher lag als am Tag zuvor. Schon bevor er am Maulwurfshügel von Hubert ankam, entdeckte er den kleinen schwarzen Maulwurf bei Hubbi auf der verschneiten Wiese. Aufgeregt rief Hubert: „Herr Bombelmann, guten Morgen. Beinahe hätten wir Hubbi verloren! Er war fast eingeschneit und ich musste ihn freischaufeln. Die halbe Nacht war ich bei ihm, damit er mir nicht erstickt im tiefen Schnee!"

Herr Bombelmann wiegelte ab: „Hubert, das ist ein Schneewurf – und der kann nicht ersticken. Er lebt doch gar nicht."

„Das sagst ausgerechnet du, der schon eine andere Erfahrung mit einem Schneemann gemacht hat. Warte nur ab, vielleicht kommt das ja noch. Hast du dir schon was ausgedacht?"

Herr Bombelmann schüttelte den Kopf: „Nein, leider nicht, das ist schwieriger, als ich dachte ..."

Hubert wurde traurig und man merkte ihm an, dass er Angst davor hatte, seinen Schneewurf durch Auftauen zu verlieren. „Ach, Herr Bombelmann, wenn Hubbi doch nur irgendwo wohnen könnte, wo es immer kalt ist, dann könnte er ganz lange stehen bleiben – das wäre schön! Bitte, bitte, lass dir was Gutes einfallen! Du hast doch sonst immer so gute Ideen."

Während Hubert sprach, hatte Herr Bombelmann schon einen tollen Geistesblitz. Aber er wollte noch nichts dazu sagen. Das würde eine schöne Überraschung zu Weihnachten werden …

Die wenigen Tage bis dahin vergingen und es blieb glücklicherweise eiskalt draußen. So konnte Hubbi gefahrlos an Ort und Stelle stehen bleiben und musste nicht Zuflucht in der Tiefkühltruhe finden.

Herr Bombelmann kam gerade durch den tiefen Schnee zu Hubert ge-
stapft, als dieser bei seinem Schneewurf stand und damit beschäftigt
war, ihm verschiedene Weihnachtslieder vorzusingen.

„Frohe Weihnachten Hubert, ich habe ein tolles Geschenk für dich
und Hubbi: Wie du weißt, war ich doch schon einmal vor einigen Jahren am Nordpol. Es gibt eine Fluggesellschaft, die in der Lage ist, mit
ihren Spezialflugzeugen sogar in Eis und Schnee zu landen. Wir werden zusammen mit Hubbi an den Nordpol fliegen und ihn dort hin-
bringen. Dann kann er für alle Zeit ein Schneewurf bleiben und muss
niemals auftauen."

Hubert klatschte in die Pfoten vor
Freude: „Oh das wäre so toll!
Wann willst du denn los?"
„Ich habe uns bereits einen
Flug gebucht, er geht schon in
zwei Stunden. Du kannst in
meinem Gepäck mitreisen und
brauchst kein extra Flugticket.
Hubbi kommt in unsere Kühltasche mit einigen Eiswürfeln. Was
hältst du davon?"

Hubert freute sich: „Das ist eine schöne Idee! Ich packe sofort meinen
Koffer."

Herr Bombelmann nickte: „Beeil dich bitte, dann können wir gleich
starten."

Kaum war Hubert fertig, holte Herr Bombelmann den kleinen Hubbi
von der verschneiten Wiese, packte ihn zwischen Eiswürfel, die in
Folie gewickelt waren, und verstaute ihn in einer dicken Kühltasche.
Schließlich sollte ihm auf der langen Reise zum Nordpol nichts passieren. Es war gut, dass Herr Bombelmann und Hubert so gut vorbereitet

waren. Die Heizung in der Abflughalle schien gefühlt weit besser zu funktionieren als an anderen Tagen. Und bis sie im Flugzeug saßen, das dauerte ewig, glaubten sie. Denn tatsächlich ging es recht schnell. Endlich hob die Maschine vom Boden ab und bohrte kurz darauf ihre Nase durch die dichten Wolken. Verträumt sah Herr Bombelmann dabei aus dem Fenster und es geschah etwas sehr Merkwürdiges: Durch diese dichten Wolken meinte er, für einen kurzen Moment die winkende Gestalt eines rundlichen Mannes auf einem Schlitten gesehen zu haben. Dieser wurde von Rentieren gezogen und war in entgegengesetzter Richtung unterwegs. So schnell wie er aufgetaucht war, verschwand er wieder.

Vielleicht hatte sich Herr Bombelmann das nur eingebildet, vielleicht aber auch nicht. Schließlich konnte es am Heiligen Abend durchaus passieren, dass man so etwas in den Wolken sah …

Nach der Landung verließen die Passagiere über eine lange Rutsche das Flugzeug und kamen direkt vor dem Hotel an, das aus einem großen Iglu bestand. An der Rezeption arbeitete noch immer Ainuk, der Herrn Bombelmann schon beim letzten Mal begrüßt hatte: „Guten Tag

Herr Bombelmann, seien Sie willkommen am Nordpol. Schön, dass Sie wieder unser Gast sind. Es kommt nicht oft vor, dass Menschen ihren Urlaub zweimal am Nordpol verbringen."

Herr Bombelmann nickte: „Guten Tag Ainuk, es ist nicht der Urlaub, der mich hierhertreibt, zumal Weihnachten ist, aber mein kleiner Freund Hubert der Maulwurf hat es notwendig gemacht. Er baute im ersten Schnee des Winters bei uns in Poppelsdorf einen Schneewurf. Das ist so etwas wie ein Maulwurf aus Schnee. Den wollten wir hierherbringen. Er soll möglichst lange erhalten bleiben."

Ainuk nickte freudig: „Das ist ein gute Idee! Bei uns ist es immer kalt und so kann er sehr lange stehen bleiben. Es gibt noch mehr Leute, die ihre Schneekünste hierherbringen. Wir haben einige Kilometer entfernt einen besonderen Platz eingerichtet für solche Fälle, wir nennen ihn Schneemannshausen. – Möchten Sie Ihr Zimmer wieder mit Blick zum ewigen Eis? Und mit Eiswürfeldusche?"

Herr Bombelmann antwortete: „Ja, alles wie beim letzten Besuch. Könnten wir, während das Zimmer gebaut wird, mit dem Motorschlitten nach Schneemannshausen gefahren werden? Damit wir es uns anschauen können?"

Am Nordpol wurden aus dem dicken Eis Blöcke gesägt, mit denen man die Zimmer erst baute, wenn ein Gast sie mietete, je nach Größe als Einzel-, Doppel- oder Großraumzimmer für bis zu acht Personen.

Ainuk nickte lächelnd: „Natürlich geht das, Herr Bombelmann, wie Sie es wünschen, ich werde sofort einen Schlitten rufen."

Im Nu stand der Motorschlitten startbereit vor der Rezeption und die Freunde traten hinaus. Schnell stiegen sie auf und eine tolle, aufregende Fahrt begann. Nach einigen Kurven und langen Geraden kamen sie in einem Gebiet an, in dem viele, viele Schneemänner standen. Große und noch größere, kleine und noch kleinere, auch mittlere waren dabei.

Der Schneeschlittenfahrer sagte: „Hier können Sie sich einen schönen Platz aussuchen. Lassen Sie sich Zeit, ich hole Sie in einer Stunde wieder ab. Wenn Sie nicht hier sind, werde ich Sie schon irgendwo finden."

Hubert bibberte vor sich hin: „Hier ist es ganz schön kalt! Bleibt das immer so?"

Herr Bombelmann nickte: „Ja mein Hubert, das bleibt immer so. Hier kann Hubbi stehen, solange er es möchte."

„Schön, dann lass ihn uns hierhinsetzen, hier ist ein guter Platz, glaube ich", bat Hubert zitternd.

Herr Bombelmann öffnete die dicke Kühltasche, holte Hubbi, den Schneewurf, heraus und setzte ihn auf das nahezu unendliche Weiß. Plötzlich hörten sie jemanden rufen: „Herr Bombelmann, Herr Bombelmann!"

Diese Stimme kannte Herr Bombelmann doch! War das nicht?

„Hallo Herr Bombelmann. Dass wir uns hier am Nordpol wiedersehen! Das ist ja toll!"

„Das gibt's doch nicht!", freute sich Herr Bombelmann, „Du darfst noch einmal leben? Wie hast du das denn geschafft?"

Es handelte sich um den Schneemann, der einst im Frühling weggetaut und zu Wasser geworden war, dann verdunstete und als Wolke zum Nordpol zurückflog. Hier hatte er großes Glück: Ein Eskimojunge hatte sich genau die richtigen Schneeflocken für einen Schneemann ausgesucht, und ihn auf diese Weise wieder zum Leben erweckt.

So jedenfalls erzählte es der Schneemann und während sie zusammenstanden wurde ihnen klar, dass heute dieser besondere Tag war – der 24. Dezember, das Fest der Liebe, das Weihnachtsfest. Ein Tag, an dem die schönsten Dinge passieren konnten – wenn man nur daran glaubte.

Für die Freunde jedenfalls war es ein wunderschöner Tag, denn sie hatten sich völlig unerwartet hier getroffen. Und alle waren gesund und munter.

Hubert hatte für Hubbi, den Schneewurf, einen besonders schönen Platz ausgesucht. Was ihm im Laufe der Zeit so alles passierte, weiß niemand. Fest aber stand, dass er viele Jahre und ganz lange Zeit am Nordpol verbringen konnte. Zumal der außergewöhnliche Schneemann auf ihn aufpasste.

Am nächsten Morgen auf dem Rückflug nach Poppelsdorf saß Hubert der Maulwurf glücklich und verträumt neben Herrn Bombelmann. Er war sich nämlich sicher, dass ihn der kleine Schneewurf zum Abschied liebevoll angelächelt und ihm mit den kleinen Augen hinter der dicken Brille zugezwinkert hatte …

Herr Bombelmann und das fast ausgefallene Weihnachtsfest

Wie in jedem Jahr war Herr Bombelmann schon ganz aufgeregt vor dem großen Weihnachtsfest. Tagelang war er unterwegs gewesen, hatte Geschenke besorgt, in buntes Papier eingepackt und verschiedene Schleifen darumgebunden. Natürlich hatte er einen Baum gekauft und diesen mit glänzenden Kugeln, Lametta und einigen Lämpchen liebevoll geschmückt. Zusätzlich hatte er sich ein besonderes Essen für seine Gäste ausgedacht. Denn diesmal sollten an Weihnachten seine Freunde bei ihm zuhause sein …

Die Einladungen hatte er bereits vor einigen Tagen verteilt und von fast allen die Zusage des Kommens erhalten. Die Antwort von Hubert, dem kleinen Maulwurf, fehlte noch.

Als er Hubert die Einladung überreichte, hatte dieser den Vorschlag gemacht, Weihnachten einmal woanders zu feiern und in den Urlaub zu fahren. Lange hatten die beiden Freunde darüber gesprochen, wohin man wohl verreisen könne: nach Lappland, von dem viele glaubten, es sei das Zuhause des Weihnachtsmannes; oder an den Nordpol, wo es immer kalt war und Schnee lag, und sie eventuell dort sogar mit ihren Schneemannfreunden hätten feiern können.

Irgendwie kam das Gespräch dann auf Amerika, das bekannt war für die vielen grell geschmückten Häuser. Sie waren teilweise über und über mit Lichtern behangen. In den Gärten standen künstliche, leuchtende Weihnachtsmänner mit ihren Schlitten und Rentieren. Manchmal waren diese sogar auf dem Dach befestigt und die Lichter funkelten in allen Farben. Manche blinkten unregelmäßig, andere wiederum waren als

Dauerbeleuchtung gedacht. In einigen Gegenden konnte man meinen, es sei ein Wettbewerb unter den Anwohnern ausgebrochen, wer wohl die meisten Lampen und Lichter, die ungewöhnlichsten und größten Figuren und die seltsamsten Lichterspiele hervorbringen könne. Hubert sagte seinerzeit: „Oh, Herr Bombelmann, da will ich mal hin! Diese vielen Lichter müssen toll sein!"

Und Herr Bombelmann hatte geantwortet: „Hubert, bestimmt sind diese vielen geschmückten Häuser recht interessant, aber dort hast du gewiss keine Hoffnung auf Schnee, dazu ist es in diesen Regionen zu warm. Und ein Weihnachtsfest ohne Schnee – irgendwie plagt mich dann immer das Gefühl, als fehle etwas und das Fest sei nicht komplett." Dabei dachte er an Florida oder Kalifornien, wo er sich vor vielen Jahren um die Weihnachtszeit herum aufgehalten und seinen Urlaub verbracht hatte.

Beide wussten natürlich, dass es auch in Poppelsdorf nicht immer zu Weihnachten Schnee gab und man dann eben auf die weiße Pracht verzichten musste – in diesem Jahr glücklicherweise nicht!

So intensiv das Gespräch letztendlich gewesen sein mag, Hubert hatte seinen Besuch und sein Kommen nicht zugesagt – und das bis heute nicht nachgeholt. Grund genug für Herrn Bombelmann, endlich hinüberzugehen und den kleinen schwarzen Maulwurf noch einmal persönlich zu befragen. Schließlich war der 24. Dezember, der Tag der Bescherung. Herr Bombelmann schlüpfte in seine warmen Fellschuhe, zog sich Schal und wärmenden Mantel an, nahm die Handschuhe und ging aus dem Haus. Unzählige Schneeflocken tanzten um seine Nase und fielen lautlos auf die schon vorhandene, weiße Decke.

Hoffentlich war Hubert nicht weg und womöglich alleine nach Amerika geflogen, noch dazu ohne Bescheid zu sagen. Einige Tage hatten die beiden sich nicht gesehen und Herr Bombelmann wurde plötzlich unruhig. Sollte Hubert etwa doch …?

Hastig setzte er seine Schritte in den weichen, sanft knirschenden Schnee und ging zielstrebig auf den Bau zu. Kaum angekommen, klopfte er vorsichtig an, denn er wollte Hubert nicht erschrecken – falls er überhaupt zuhause sein würde. Es dauerte nicht lange, fühlte sich aber wie eine halbe Ewigkeit an, da schob sich ein kleiner schwarzer Kopf durch die Öffnung nach oben und sah Herrn Bombelmann durch dicke Brillengläser an: „Hallo Herr Bombelmann! Schön, dass es dir gut geht und dir nichts passiert ist, ich habe mir schon Sorgen gemacht!"

Herr Bombelmann lächelte: „Aber Hubert, was sollte mir denn passiert sein? Es ist alles in Ordnung. Nur weil wir uns drei oder vier Tage nicht gesehen haben?"

Hubert schaute sich verängstigt um und deutete an, Herr Bombelmann solle etwas näher herankommen. Nachdem sich dieser ganz

46

nah zu ihm heruntergebeugt hatte, sprach Hubert sehr leise: „Ich habe mir echt Sorgen gemacht! Hier stimmt was nicht! Ich glaube, vorgestern sind hier einige Aliens gelandet."

Herr Bombelmann lachte: „Hubert! Es ist Weihnachten und nicht Halloween! Was redest du da?"

Hubert hob mahnend seine rechte Vorderpfote: „Herr Bombelmann, du solltest mich ernst nehmen. Es ist irgendetwas passiert – und es beunruhigt mich sehr. Seit zwei Tagen sehe ich grelle, manchmal blinkende Lichter, die aus dem Wald zu mir herüberscheinen. Die sind dort gelandet, glaube ich. Wer weiß, was die vorhaben."

Herr Bombelmann war noch immer nicht beunruhigt: „Auch dafür wird es eine Erklärung geben. Warum sollten ausgerechnet an Weihnachten Aliens bei uns landen? Das glaube ich nicht!"

Der Maulwurf wurde ungeduldig: „Denen ist es doch egal, wann sie hier einfallen und ob bei uns Weihnachten ist oder nicht! Glaube mir, hier geht es nicht mit rechten Dingen zu."

Herr Bombelmann versuchte ihn zu beruhigen und schlug vor: „In knapp zwei Stunden wird es zu dämmern beginnen. So lange bleibe ich bei dir und wir schauen, ob wirklich grelle und blinkende Lichter aus dem Wald kommen."

Hubert wirkte beleidigt: „Du glaubst mir nicht und denkst, ich würde mir das nur einbilden, oder? Das ist nicht fair von dir! Ich habe Angst!"

Herr Bombelmann streckte seine Hand aus: „Dann komm auf meine Hand und wir gehen noch ein wenig spazieren. Vielleicht beruhigt es dich, wenn ich bei dir bin."

Im verschneiten Park liefen sie verschiedene Wege ab und Hubert wurde zusehends entspannter. Übermütig rief er: „Wollen wir eine kleine Schneeballschlacht machen?"

Herr Bombelmann setzte Hubert in den Schnee: „Na klar können wir das, ich werde dich schon abwerfen!"

Hubert formte die Schneebälle viel schneller als Herr Bombelmann und brachte diesen fast unter Dauerbeschuss. Nur wenige verfehlten ihr Ziel und so kam es, dass Herr Bombelmann immer wieder und wieder die Brille abnehmen musste, um den Schnee von den Gläsern zu entfernen. Ständig hatte Hubert getroffen! Zum Glück waren seine Schneebälle sehr klein …

Herr Bombelmann hatte gerade einen besonders großen Schneeball geformt und ihn in Richtung Hubert geschleudert, als plötzlich grelle Lichter aus dem Wald in den Park drangen. Verschiedenste Farben leuchteten und blinkten durch die Bäume. Hubert, der bisher den Würfen von Herrn Bombelmann sehr erfolgreich ausgewichen war, blieb wie angewurzelt stehen, sah den Schneeball nicht kommen, wurde hart getroffen und unter dem Schnee begraben. Ängstlich arbeitete er sich nach oben, starrte mit offenem Mund in Richtung der Lichter und zitterte am ganzen Leib: „Siehst du, Herr Bombelmann, das habe ich dir ja gesagt! Seit Tagen geht das so. Hoffentlich wollen die uns nicht holen und mit ihrem Raumschiff mit ins Weltall nehmen."

Herr Bombelmann kniff seine Augen zusammen, das grelle Licht blendete ihn: „Hubert, was ist da los?", fragte er und ließ den Maulwurf auf seine Hand klettern. „Dem muss ich auf den Grund gehen! Kommst du mit?"

Hubert baute sich in voller Größe auf der Hand auf: „Glaubst du vielleicht, ich lasse dich in dieser unbestimmten Gefahr alleine? Natürlich komme ich mit!"

Zielstrebig und vorsichtig zugleich schritt Herr Bombelmann in Richtung des Waldes. Er wusste, dass auf der kleinen Lichtung ein Haus stand, das in den Wintermonaten noch nie bewohnt gewesen war. Sollten wirklich Außerirdische dort gelandet sein und sich eingenistet haben?

Schritt für Schritt näherten sich die beiden und nutzten die Baumstämme als Deckung, damit sie nicht gleich entdeckt werden würden. Je näher sie kamen, desto greller und blendender wurde das Licht. Von dem Haus auf der Lichtung war nichts zu erkennen.

Hubert flüsterte erschrocken: „Die sind auf dem Haus gelandet und haben es platt gedrückt!"

„Pssst, Hubert, wir müssen leise sein."

Der Maulwurf nickte, was Herr Bombelmann aber nicht sah. Er war zu sehr damit beschäftigt, die Lichter zu beobachten.

Er flüsterte: „Hubert, ich will näher ran. Dazu setze ich dich hier ab und gehe alleine weiter."

Hubert lehnte energisch ab: „Kommt gar nicht in Frage! Wenn du gehst, dann gehe ich auch oder lasse mich wenigstens tragen." Jetzt, in dieser Situation alleine zu bleiben, das hätte Hubert nicht durchgehalten. Was, wenn ihn in dieser Zeit ein Alien entdeckt und entführt hätte? Die Angst war viel zu groß, aber das würde er niemals zugeben.

Herr Bombelmann schritt aus seiner Deckung heraus und rief laut in Richtung der Lichter: „Hallo? Ist da jemand? Kann mich wer hören? Ich bin Herr Bombelmann und komme in friedlicher Absicht. Hallo?"

Eine Weile tat sich nichts, doch dann schallte ein Knarzen durch die Stille, ein fremdes, unbekanntes, fürchterliches Geräusch. Es war nicht sehr laut, gewiss nicht, wirkte aber so. Wegen der Spannung, die auf den Freunden lag. Jedes Geräusch verstärkte sich in einem solchen Augenblick um ein Vielfaches.

Eine unbekannte Stimme mit fremdem Akzent kam aus dem grellen Licht herüber: „Yes, hello? Hello? Ah, da sind Sie ja!"

Nach Aliens hörte sich das nicht an, eher nach einem Amerikaner.

Weil Herr Bombelmann mit Hubert gegen das Licht stand, war er selbst gut zu sehen, konnte aber nichts erkennen. Denn seine Augen wurden durch die Helligkeit, in die er blickte, geblendet.

Er rief: „Können Sie bitte herüberkommen? Ich kann Sie nicht sehen, die Lichter blenden mich so sehr."

Er hatte noch nicht ausgesprochen, da stand ein seltsam gekleideter Mann vor ihnen. Er trug eine rote Mütze mit einem dicken, weißen Rand aus Fell, so wie man sie vom Weihnachtsmann kannte. Auch der Mantel – oder war es eher ein Umhang? – war rot mit weiß abgesteppten Rändern und wurde in der Mitte von einem weißen Seil gehalten. Schwarze, glänzende Stiefel schauten darunter hervor.

Herr Bombelmann stotterte: „Sind, sind, sind Sie, sind Sie der, der Weihnachtsmann?"

Der Mann lachte laut los und antwortete mit seinem seltsamen Akzent: „No no, ick bin doch nicht de Weihnachtsmann. Ick bin Anthony Johnson from Florida in America und ick bin ein sehr großer Fan von Santa Claus! Das ist eine große Kompliment for mich, dass Sie mich for die Weihnachtsmann halten!"

Hubert zwickte Herrn Bombelmann in den Arm: „Der kann ja noch nicht mal richtig sprechen!"

Herr Bombelmann schüttelte kurz den Kopf und zischte „Scht!". Dann drehte er sich zu Anthony Johnson und sprach ihn mit zusammengekniffenen Augen an: „Guten Tag Mister Johnson, ich bin Herr Bombelmann und das", er zeigte auf den Maulwurf in seiner Hand, „das ist Hubert, mein Freund. Wissen Sie, dass das Licht unglaublich grell ist? Was machen Sie hier und wo ist das Haus hingekommen?"

Mister Johnson lachte: „Sie dürfen Toni zu mir sagen. Alle meine Friends nennen mich so. Das Haus? Das steht dort!" Er drehte sich um und deutete auf die grellen Lichter. „Ick habe es ein wenig geschmückt, wie wir es in Florida machen! Dort feiern wir unser Weihnachtsfest mit vielen Lichterketten an die Häuser. Leider haben wir dort, wo ich herkomme, keinen Schnee, wenn Santa Claus is coming. Nun habe ich mir gedacht, ich muss unbedingt ein real German Christmas feiern! So richtig mit viel Schnee und so!"

Herr Bombelmann nickte: „Aha, ein echtes deutsches Weihnachten mit viel Schnee! Da haben Sie sich das richtige Jahr ausgesucht, Schnee haben wir genug. Nur um das Haus herum wird der Schnee bald weg sein, weil die Lichter zu viel Wärme abgeben und der Schnee schmelzen wird."

Mister Johnson überlegte kurz: „Dann ist das wohl die Grund, weshalb ick heute Morgen kein Schnee mehr vor die Hütte hatte. Zu viele Lichter, zu viel Wärme. Ist ja interessant! Dann sollte ick Lichter wegmachen, oder?"

Herr Bombelmann bestätigte: „Wenn Sie den Schnee behalten wollen, dann schon, ja."

Mister Johnson fragte: „Können wir das gemeinsam tun? Können Sie mir helfen for die real German Christmas?"

Herr Bombelmann sah auf seine Uhr: „Wissen Sie was, Mr. Johnson, es ist schon spät und ich bekomme zum heutigen Weihnachtsfest Gäste. Ich lade Sie ein, mit mir nach Hause zu kommen und dort ein echtes deutsches Weihnachtsfest zu feiern. Meine Freunde werden sich bestimmt freuen, wenn Sie dabei sind. Wir müssten aber bald los und könnten erst morgen Ihre Lichter verändern."

Mister Johnson war etwas irritiert: „Wie? Heute Weihnachtsfest? Ick denke es ist erst der 24. Dezember! Weihnachten mit die Geschenke ist morgen."

Hubert griff sich vorsichtig mit den Fingernägeln seiner Hände an den Kopf und flüsterte: „Kann nicht richtig sprechen und weiß auch nicht, wann Weihnachten ist! Ein komischer Kerl! Ob das doch ein Alien ist …? Nur verkleidet als Mensch?"

Herr Bombelmann wandte sich Mister Johnson zu: „Ein real German Weihnachtsfest, lieber Tony, beginnt in Deutschland am 24. Dezember mit der Bescherung. Und das ist heute, der Tag der Geschenke."

Mister Johnson wurde hektisch: „This is real komisch, bei uns in America ist das an die 25. Dezember an die Vormittag. Please kommen Sie in für eine Moment, ick muss nur noch schnell ein Jacket anziehen und komme sofort mit."

Herr Bombelmann folgte Mister Johnson ins Haus, wobei sich Hubert ganz fest an die Hand drückte, auf der er saß. Vielleicht war es ein umgebautes Raumschiff und gleich würden sie, kaum dass sie es betreten hatten, ins Weltall starten.

Dem aber war keineswegs so, es war – wie schon seit Jahren – das einsame Haus auf der Lichtung im Wald, das Haus, das im Winter niemals bewohnt war.

Im Innern war es sehr weihnachtlich zurechtgemacht! Dicke, lange, rote, scheinbar mit Süßigkeiten gefüllte Strümpfe hingen am Kamin. Ein großer, bunt geschmückter Weihnachtsbaum stand im Raum und darunter lagen jede Menge eingepackter Geschenke in verschiedenen Größen. Die Pakete stapelten sich und man hätte meinen können, Anthony wolle ganz Amerika damit versorgen.

Kurz darauf verließen sie zu dritt das Haus und stapften im hohen Schnee durch den Wald, den Park und hinein nach Poppelsdorf zum Haus von Herrn Bombelmann.

Schon bald klingelte es an der Haustür und Frau Lieblich kam zusammen mit Professor Achtmalklug zu Besuch. Wie im letzten Jahr feierten sie auch an diesem Abend alle zusammen ein gelungenes Weihnachtsfest mit leckerem Essen und vielen Geschenken. Anthony Johnson erlebte zum ersten Mal in seinem Leben ein real German Christmas und war einer der glücklichsten Menschen der Welt.

Am nächsten Morgen liefen Mr. Johnson, Herr Bombelmann und Hubert zum Haus auf der Lichtung. Hier entfernten sie viele, viele Lampen, damit es nicht so warm wurde und der eventuell neu fallende

Schnee liegen bleiben konnte. Nach getaner Arbeit machten es sich die drei gemütlich und warteten auf Frau Lieblich und Professor Acht-malklug. Denn auch sie waren eingeladen zum Haus auf der Lich-tung. Schließlich wollte Mr. Johnson in amerikanischer Tradition am heutigen Vormittag das Weihnachtsfest feiern, mit Geschenken.

So kam es, dass alle zusammen nicht nur ein real German Weihnachts-fest, sondern auch ein real American Christmas feierten. Das hatten sie noch nie erlebt, zweimal Weihnachten in einem Jahr …

Herr Bombelmann und die geheimnisvolle Bescherung?

Es gab Jahre, da hatte der Weihnachtsmann sehr viel zu tun. Manchmal war es sooo viel, dass er nicht einmal wusste, ob er pünktlich zu allen Kindern und Familien kommen konnte. Aber wer sollte in einem solchen Fall auf die Geschenke verzichten, die er sich verdient hatte? Weil das niemand wollte und der Weihnachtsmann sich dessen bewusst war, hatte er sich etwas ganz Besonderes ausgedacht: Er brauchte einen Helfer, jemanden, der zusätzlich mit dem himmlischen Ersatzschlitten und den Rentieren die vielen Pakete ausfuhr und verteilte. Natürlich sollte dieser Helfer genauso groß sein und die gleiche Figur haben wie er selbst. Denn dann konnten die Ersatzhose, der Ersatzmantel und auch die Ersatzstiefel genutzt werden. Einen langen, weißen Bart würde man ankleben können. Dann würde auf den ersten Blick niemand erkennen, dass es sich um eine Aushilfe handelte. Und so kam es, dass …

… der Weihnachtsmann überlegte und überlegte, wer für diese Aufgabe wohl der Richtige wäre. Es müsste jemand sein, der immer höflich, nett und hilfsbereit war, ein herzensguter Mensch. Der Weihnachtsmann nahm sein dickes, goldenes Buch zur Hand, schlug es auf, blätterte und suchte, suchte und blätterte, ganz geduldig. Egal, wen er auch für

möglich gehalten hätte, es gab immer irgendetwas, was nicht passte. Wieder schlug er die Seite weiter und es durchzuckte ihn: Das könnte die Lösung sein! Alles, was er hier im goldenen Buch lesen konnte, passte absolut. Die Adresse, die darunter stand, war leicht zu merken: Poppelsdorf, Haus Nummer 3. Einen Straßennamen brauchte man nicht, es gab nur wenige Häuser und eine einzige Straße dort. Auch wenn der Tag eigentlich schon vorüber und es dunkel war, die Sache sollte noch heute erledigt werden.

So stieg der Weihnachtsmann auf seinen Schlitten und glitt durch die fast schwarze und etwas neblige Nacht. Heimlich, noch heimlicher als er es am Heiligabend immer tat. Er wollte schließlich auf keinen Fall gesehen werden. Zu Weihnachten war es nicht ganz so schlimm. Aber jetzt?

Geräuschlos landete er auf dem Dach des kleinen bunten Hauses in Poppelsdorf. Sanft rutschte er durch den Kamin ins Wohnzimmer und stand direkt vor Herrn Bombelmann. Der war zwar nicht erschrocken, denn er wusste ja, dass es den Weihnachtsmann gab, aber verdutzt war er allemal: „Was willst du denn schon hier? Hast du dich im Kalender geirrt? Du hast noch zwei Tage Zeit." – Der Weihnachtsmann schüttelte seinen Kopf und lächelte gütig: „Nein, das weiß ich wohl. Ich habe ein riesiges Problem und du bist der Einzige, der mir helfen kann."

Das war sehr ungewöhnlich, denn der Weihnachtsmann war superschlau und konnte fast alles alleine lösen. „Was ist das für ein Problem?", fragte Herr Bombelmann neugierig.

Nun erzählte ihm der Weihnachtsmann, dass in diesem Jahr weit mehr Kinder viel lieber gewesen waren als in den Jahren zuvor. Deshalb hatten sie sich alle Geschenke verdient. So mussten also weit mehr davon ausgefahren werden als es sonst üblich war. Und es waren so viele, dass der Weihnachtsmann keine Chance sah, an einem einzigen Abend zu allen Wohnungen und Häusern zu kommen. Weil aber niemand auf Geschenke verzichten sollte, brauchte er einen Helfer. Und die einzige Möglichkeit war – Herr Bombelmann.

„Aber …, aber …", stammelte dieser, „aber ich kann doch gar nicht, also ich meine, also ich – wie stellst du dir das vor?"

„Das werde ich dir in meiner Geschenke-Werkstatt erzählen", antwortete der Weihnachtsmann, „ich möchte nicht so lange hierbleiben und womöglich gesehen werden – schließlich parkt mein Schlitten auf deinem Dach. Also was ist? Kommst du mit?"

Was für eine Frage! Wer würde nicht sofort dem Weihnachtsmann helfen wollen, wenn er die Gelegenheit dazu bekam? Herr Bombelmann zog sich eine Jacke über, löschte das Licht, stieg mit dem Weihnachtsmann durch den engen Kamin nach oben und schon glitt der Schlitten in Windeseile durch die Wolken zum Himmel. Es war das erste Mal,

dass Herr Bombelmann auf einem fliegenden Schlitten sitzen durfte – und es war wundervoll. Der Wind, der eigentlich ganz kalt hätte sein müssen, blies ihm warm um Nase und Ohren. Feine Glöckchen, die links und rechts am oberen Teil der geschwungenen Kufen angebracht waren, spielten eine angenehme, sanfte Musik. Die Rentiere rannten unglaublich schnell und leise durch den Nachthimmel. Dass die Fahrt so schnell zu Ende war, fand Herr Bombelmann sehr schade. Gerne wäre er noch ein wenig durch die Luft geflogen, denn es machte mächtigen Spaß.

Rundherum lag hoher Schnee, alles war ganz weiß. Es duftete nach gebrannten Mandeln, Lebkuchen und Weihnachtsplätzchen. Die kleine Bäckerei lief auf Hochtouren.

Ein schönes und gemütliches Haus, das nur wenig größer war als das von Herrn Bombelmann, stand bunt geschmückt und hell erleuchtet

vor ihnen. Hier also wohnte der Weihnachtsmann und bereitete sich das ganze Jahr über auf das große Fest vor.

Einige Meter weiter standen zwei Hallen, eine große und eine noch größere. In die größere der beiden gingen die Männer hinein. Bis zur Decke waren Geschenke aller Art gestapelt – allerdings ohne dass sie eingepackt waren! Konnte das bis Weihnachten noch erledigt werden? Als hätte der Weihnachtsmann die Gedanken von Herrn Bombelmann lesen können, sagte er: „In der anderen Halle haben wir Geschenk-Einpack-Maschinen. Wir müssen die Geschenke nur in Säcke füllen, nach drüben bringen, in einen Trichter schütten und schon kommen sie unten fertig eingepackt wieder heraus. Morgen fangen wir gleich damit an – ich packe die Säcke und du bringst sie nach drüben. Dann sind wir schnell fertig und können in Ruhe über die anderen Dinge reden. Jetzt gehen wir erst einmal ins Bett und schlafen uns aus." Mit diesen Worten stapften sie durch den hohen

Schnee hinüber in das bunt geschmückte und hell erleuchtete Haus. Sie tranken noch eine Tasse Tee, plauderten ein wenig und gingen schließlich zu Bett.

Am nächsten Morgen begannen die beiden Männer nach einem leckeren Frühstück mit Vollkornbrot, Honig und Milch mit der Arbeit. Schnell waren einige Säcke gefüllt und der Weihnachtsmann sagte: „Wenn du die Säcke nach drüben bringst, kannst du die Rentiere dazunehmen. Dann geht es schneller." Herr Bombelmann nahm zwei Säcke und verließ die Halle, während der Weihnachtsmann weitere Säcke füllte. Fast eine halbe Stunde später war Herr Bombelmann immer noch nicht zurück. Ob etwas passiert war? Der Weihnachtsmann ging vor die Tür und sah Herrn Bombelmann im Schnee liegen, unter ihm ein Rentier. Lauthals fing der Weihnachtsmann zu lachen an. Er lachte, wie nur er lachen konnte: „Hohoho, Herr Bombelmann, hohoho, was machst du denn hier? Du sollst nicht versuchen, auf den Rentieren zu reiten! Als ich sagte, du solltest sie dazunehmen, meinte ich doch, dass du sie vor den Schlitten spannst. Hohoho, schau dich und das arme Tier an. Es hat alle viere von sich gestreckt! Bei deinem Gewicht! Hohoho!" Und er lachte, was das Zeug hergab! Die Tränen kullerten ihm über die roten, dicken Wangen und verschwanden in seinem langen, weißen Bart. So hatte er bestimmt schon seit einiger Zeit nicht mehr gelacht! Rentiere waren doch nicht zum Reiten geeignet! Der Weihnachtsmann holte einen Schlitten, spannte einen Teil der

Rentiere davor, lud den Sack auf, setzte Herrn Bombelmann dazu und rief: „Hohoho!"

Sofort schossen die Rentiere los und Herr Bombelmann wäre fast heruntergefallen.

So ging wirklich alles sehr schnell und in Windeseile waren sämtliche Geschenke fertig verpackt.

Die Besprechung war unkompliziert. Die Erklärungen am Schlitten und den Rentieren eindeutig und nach ein paar Übungen saßen die Handgriffe bei Herrn Bombelmann so, als habe er nie etwas anderes gemacht. Schnell noch die Anprobe von Ersatzhose, Ersatzmantel und Ersatzstiefeln: Sie passten, als seien sie extra für ihn gefertigt worden. Perfekt!

Am Abend saßen der Weihnachtsmann und Herr Bombelmann im kleinen Haus gemütlich zusammen. Es war die letzte Nacht vor der Bescherung. Schon bald gingen sie zu Bett und freuten sich auf den kommenden Tag.

Nach dem Frühstück, bei dem Herr Bombelmann vor lauter Aufregung gar nicht viel essen konnte, musste alles vorbereitet werden. Als Erstes schlüpfte er in die Anziehsachen. Dann versuchte er, sich den Bart anzukleben. Aus Versehen kam er dabei mit seinen Fingern an die Klebestelle und der Bart hing an der rechten Hand. Vorsichtig löste Herr Bombelmann mit der linken Hand den Bart und – nun klebte er dort. Dann nahm er die rechte, die linke, die … Egal, wie er es versuchte, der Bart wanderte lediglich von einer Hand zur anderen. Aber nicht ins Gesicht.

Als der Weihnachtsmann das sah, eilte er sofort hinüber. Vorsichtig löste er den Bart von den Händen und hielt ihn unter die Nase und das Kinn von Herrn Bombelmann. Als er meinte, die richtige Position gefunden zu haben, klebte er ihn fest. Sanft sagte er: „Die Kleber haben es in sich! Einmal an der Hand, kriegst du es selbst kaum mehr ab – und wenn, dann ist es wie eben bei dir. Irgendwo klebt das Ding immer! Deshalb habe ich mir einen echten Bart wachsen lassen. Seitdem habe ich kein Kleberproblem mehr." Und er zog fest an seinem echten Bart. „Na, nervös?", wollte er wissen.

Herr Bombelmann nickte wortlos.

Der Weihnachtsmann lächelte: „Das wird schon klappen, du wirst sehen. Es wird dir viel Freude bereiten." Und nach einem kurzen Blick auf die Uhr fügte er hinzu: „Wir müssen uns beeilen, sonst kommen wir zu spät. Schließlich haben wir noch nichts gepackt und verladen …"

Dank der Übungen am Vortag waren die Rentiere zügig vor die Schlitten gespannt, die Säcke gepackt und verstaut. Würde jemand die zwei beim Arbeiten gesehen haben – er hätte geglaubt, es gäbe zwei Weihnachtsmänner. Denn Herr Bombelmann sah mit dem angeklebten Bart und der Ersatzkleidung fast aus wie der echte Weihnachtsmann. Einziger erkennbarer Unterschied war der Hut. Denn den hatte er ja immer auf dem Kopf …

Bestimmt wäre es äußerst interessant zu wissen, ob dieses Jahr auch so ein Jahr war, mit ganz vielen lieben Kindern, und ob Herr Bombelmann wieder helfen darf.

Wer würde wohl zu dir kommen? Vielleicht hast du Glück und kannst entdecken, wenn ein Schlitten heimlich durch die Wolken gleitet. Und wenn du dann ganz, ganz genau hinschaust …

Herr Bombelmann und der seltsame Traum

Der Duft der leckeren Weihnachtsplätz-chen, die während des ganzen Tages in der Küche gebacken worden waren, schwebte bis in den hintersten Winkel des kleinen, bunten Hauses in Poppels-dorf und hing überall in der Luft. So spät hatte Herr Bombelmann noch nie sein Gebäck fertiggemacht. Heute, am letzten Tag – es war schließlich schon der 24. Dezember. Allerdings war auf diese Weise auf jeden Fall gewähr-leistet, dass zum Fest noch Kekse übrig waren. Nicht wie im letzten Jahr, als Herr Bombelmann bereits vorher alle weggefuttert hatte.

Müde, weil die vergangene Nacht wegen des frühen Aufstehens recht kurz und die Arbeit am Tag in der Küche anstrengend war, wollte sich Herr Bombelmann für etwa zwei Stunden auf's Ohr hauen. Kurz hin-legen, die Augen zuklappen, ein wenig schnarchen und dann fit für den Abend sein. Bestimmt würden Frau Lieblich, Professor Achtmal-klug und Hubert, der Maulwurf zu Besuch kommen – eingeladen waren sie und freuten sich schon darauf.

Kaum lag Herr Bombelmann unter der kuschelig weichen Decke, war er schon auf dem Rücken liegend eingeschlafen. Ruhig und gleichmä-ßig atmete er, schnarchte ab und zu leise und wenn man ihn gesehen hätte, man wüsste, dass er zufrieden war.

Als er wach wurde, nahm er die Decke zur Seite, schwang seine Beine aus dem Bett, setzte sich aufrecht hin, reckte die Arme nach oben und wollte in seine Hausschuhe schlüpfen – doch diese standen nicht vor seinem Bett. Hatte er sie etwa vorhin aus Versehen vor lauter Müdigkeit mit Hemd und Hose in den Wäschekorb geworfen? An einem solchen Tag konnte man schon mal durcheinander sein, gestand er sich zu. Er stand auf und schlurfte barfuß hinüber zum Kleiderschrank. Frische Sachen brauchte er ohnehin für den Abend, denn er wollte für seine Gäste nicht nach Gebackenem rie-

chen, auch wenn er selbst es mochte. Kaum hatte Herr Bombelmann die rechte Tür geöffnet, riss er die Augen weit auf und trat verunsichert einen kleinen Schritt zurück. Wo war all seine Kleidung hingekommen? Fächer und Kleiderstangen waren wie geplündert. Nur eine rote Hose, ein dicker Pullover, eine rote Mütze und ein roter Mantel mit einem weißen Pelz um die Kapuze waren darin. Herr Bombelmann schob die Tür wieder zu, schüttelte sanft den Kopf und zweifelte an sei-

nem Verstand. Vielleicht würde ihm ja eine erfrischende Wäsche im Bad helfen. Auf dem Weg dorthin kam er an seiner Garderobe vorbei und schaute aus den Augenwinkeln in den Spiegel. Erschrocken blieb er stehen und betrachtete sich genauer. Den Oberkörper nach vorne gebeugt, brachte er sein Gesicht ganz nahe heran, drehte den Kopf etwas nach links und nach rechts, hob ihn an und drehte ihn wieder. Sein Bart war so stark gewachsen wie normalerweis in vier Tagen! Hatte er das Weihnachtsfest verschlafen? Warum hatten Frau Lieblich und die anderen ihn nicht wachgeklingelt? Oder ging hier etwas anderes vor?

Im Bad angekommen, verteilte Herr Bombelmann Rasierschaum in seinem Gesicht und begann sich zu rasieren. Kaum hatte er die weißen Bartstoppeln entfernt, wuchsen sie in Windeseile nach. Immer und immer wieder taten sie das und es war egal, wo er ansetzte, es nutzte nichts. Auch wenn Aufgeben nicht zu seinen Tugenden gehörte, sah Herr Bombelmann hier keinen Sinn darin weiterzumachen. Er legte das Rasierzeug zur Seite, tupfte sein Gesicht ab und ging zurück zum Schrank. Dort hatte sich nichts geändert. Hierin lagen und hingen nach wie vor nur die Hose, der Pullover, die Mütze und der rote Mantel mit dem weißen Pelz um die Kapuze.

Herr Bombelmann nahm die Sachen heraus, schlüpfte hinein und zog die Mütze über seinen Hut, den er ja immer auf dem Kopf trug. Alles passte ihm wie angegossen und er dachte, er könne darin aussehen wie … – das wollte er im Spiegel betrachten.

Was war denn das? Der Bart war in dieser kurzen Zeit enorm gewachsen, hatte eine stattliche Länge erreicht und war zu einem Vollbart in Weiß geworden. Zum Verwechseln ähnlich sah er dem Weihnachtsmann!

Ob er sich so vor die Tür trauen sollte? Warum eigentlich nicht? Zum einen war heute der Heiligabend und zum anderen würde ihn selbst in Poppelsdorf in diesem Outfit niemand erkennen.

Also ging er zum Bett, zog die Stiefel über und öffnete kurz darauf seine Haustür. Hier wartete die nächste Überraschung: Vor seinem Haus stand ein edler Schlitten mit goldenen, geschwungenen Kufen, weichen und einladenden Sitzen, einem prall gefüllten, großen Sack darauf und davor sechs Rentiere. Feine, kleine Glöckchen hingen rundherum und glitzerten im geringen Abendlicht. Neugierig betrachtete Herr Bombelmann den Schlitten, berührte ihn ungläubig, um festzustellen, dass er echt war und setzte sich mutig darauf. Kaum hatte er Platz genommen, schossen die Rentiere los und die feinen, kleinen Glöckchen zauberten eine wundervolle Melodie. War Herr Bombelmann eben noch vor seinem kleinen, bunten Haus in Poppelsdorf, so flog er jetzt dem sternenklaren Abendhimmel entgegen. Der eigentlich kalte Wind strich ihm warm und sanft um die Nase und ohne die Zügel in der Hand zu halten, zogen die Rentiere den Schlitten zielgenau durch die Lüfte. Hier und da landeten sie auf verschiedenen Dächern und Herr Bombelmann holte aus dem großen, prall gefüllten Sack die unterschiedlichsten, bunt eingepackten Geschenke. Um diese in die Häuser hineinzubringen, ließ er sich entweder durch den eigentlich engen, schwarz verrußten und schmutzigen Kamin gleiten (wobei er nirgends dagegen stieß und auch nicht schmutzig wurde) oder er schwebte durch die geschlossenen Fenster in die Räume. Lautlos geschah das alles, heimlich – fast schon unheimlich. Menschen traf er hierbei nicht an und wurde bestimmt auch von niemandem gesehen.

Unterschiedlich waren die Bäume, unter denen er die Geschenke ablegte, geschmückt. Mal mit elektrischen Lichtern, mal mit echten Kerzen, meist hingen bunte, glänzende Kugeln daran, manchmal Engel und Glöckchen aus Schokolade und Marzipan, meist zusätzlich Selbstgebasteltes von den Kindern, wie zum Beispiel Strohsterne.

Es dauerte einige Zeit, bis der Sack leer war. Manchmal glaubte Herr Bombelmann, er fülle sich zwischendurch wie von selbst nach. Ohne etwas sagen oder tun zu müssen, flogen die Rentiere zurück zum kleinen bunten Haus in Poppelsdorf, setzten Herrn Bombelmann vor seiner Haustür ab und verschwanden lautlos fliegend in der Nacht. Herr Bombelmann sah dem glitzernden Schlitten so lange nach, bis dieser zwischen den Wolken verschwunden war und ging schließlich ins Haus. Die außergewöhnliche Kleidung hängte beziehungsweise legte er ordentlich in den Schrank und machte es sich noch einmal auf dem Bett bequem.

„Ding-Dong" schellte es an der Tür. Herr Bombelmann schreckte hoch, knipste das Licht an und riss die Augen auf. Sein erster Blick fiel auf den Stuhl, auf dem sauber und ordentlich gefaltet Hemd und Hose abgelegt waren. Vor dem Bett standen wie selbstverständlich die Hausschuhe, in die er sogleich hineinschlüpfte und damit zur Tür ging, um zu öffnen. Davor stand Hubert, der Maulwurf und schaute Herrn Bombelmann hinter dicken

Brillengläsern an: „Fröhliche Weihnachten Herr Bombelmann, wieso bist du noch im Schlafanzug? Bin ich zu früh?"

Herr Bombelmann schüttelte den Kopf: „Fröhliche Weihnachten Hubert, nein, nein, du bist nicht zu früh. Bestimmt nicht. Ich war wohl eingeschlafen und habe länger gelegen als ich wollte. Komm herein!"

Hubert trat ein und bemerkte: „Hmm, hier duftet es aber lecker nach Plätzchen! Hast du in diesem Jahr noch welche übrig?"

„Ja, ich habe sie heute erst gebacken und noch keins davon gegessen. Aber irgendwie bin ich noch ganz durcheinander. Du kannst gerne schon eins probieren, während ich mich schnell anziehe."

Hubert winkte ab: „Du musst dich nicht schnell anziehen, das geht auch langsam. Dann habe ich mehr Zeit und kann auch zwei oder drei Kekse probieren!"

Herr Bombelmann drehte sich um und verschwand im Schlafzimmer, um kurz darauf angekleidet wieder herauszukommen.

Schon klingelte es erneut an der Tür. Frau Lieblich und Professor Achtmalklug waren es, die davorstanden und herrlich verzierte Geschenke mitgebracht hatten.

„Fröhliche Weihnachten allerseits", wünschten sie und traten ein.

Hubert rief zurück: „Fröhliche Weihnachten ihr zwei. Herr Bombelmann hat bis eben geschlafen und ist noch etwas durcheinander, weil ich ihn aus dem Bett geklingelt habe. Aber das wird gleich, denke ich."

Herr Bombelmann schüttelte den Kopf: „Nein Hubert, deshalb bin ich nicht durcheinander. Ich habe wohl sehr intensiv geträumt – und das hat mich ein wenig irritiert."

Frau Lieblich wollte wissen: „Was war denn das für ein Traum, dass er dich so irritiert, Herr Bombelmann?"

„Es war seltsam", begann Herr Bombelmann, „ich glaubte aufgewacht zu sein und …"

Nun erzählte Herr Bombelmann die ganze Geschichte und betonte, dass er wirklich glaubte, alles erlebt zu haben.

Professor Achtmalklug nickte schlau: „Es kommt häufiger vor, dass man Träume und Wahrheit kaum auseinanderhalten kann, kein Grund zur Beunruhigung."

So saßen sie alle zusammen und aßen etwas, plauderten und schließlich war es an der Zeit für die Bescherung.

Für jeden von ihnen lagen Geschenke unter dem Weihnachtsbaum. Für Herrn Bombelmann war ein ganz besonderer Karton dabei. Er nahm das kleine Schild, das daran hing, und las:

„Lieber Herr Bombelmann, vielen Dank, dass du mir heute geholfen hast. Alleine hätte ich das nicht geschafft!"

Wo mochte das Geschenk herkommen? Neugierig und mit großem Herzklopfen öffnete Herr Bombelmann den Karton. Darin befand sich ein reich verziertes, kleines Kästchen, auf dem in geheimnisvoller Schrift zu lesen war: „Hierin befindet sich die Erfüllung deines größten Wunsches".

Weil sich Herr Bombelmann für den heutigen Tag nichts mehr wünschte, als einen schönen Abend mit seinen Freunden zu verbringen – was sie ja auch taten –, beschloss er, das ungewöhnliche Wunschkästchen nicht zu öffnen, noch nicht. Er wollte es aufheben, bis er es wirklich brauchte und einen besonderen Wunsch hatte.

Dass dieser Tag schneller kommen würde als erwartet, hätte er nicht gedacht. Auf jeden Fall war er sehr froh darüber, es noch nicht geöffnet zu haben. Aber das ist eine ganz andere Geschichte …